BEI GRIN MACHT SICH IHR WISSEN BEZAHLT

AF140777

- Wir veröffentlichen Ihre Hausarbeit,
  Bachelor- und Masterarbeit

- Ihr eigenes eBook und Buch -
  weltweit in allen wichtigen Shops

- Verdienen Sie an jedem Verkauf

Jetzt bei www.GRIN.com hochladen und kostenlos publizieren

Bibliografische Information der Deutschen Nationalbibliothek:

Die Deutsche Bibliothek verzeichnet diese Publikation in der Deutschen National-bibliografie; detaillierte bibliografische Daten sind im Internet über http://dnb.d-nb.de/ abrufbar.

Impressum:

Copyright © 2019 GRIN Verlag
Druck und Bindung: Books on Demand GmbH, Norderstedt Germany
ISBN: 9783668976146

Dieses Buch bei GRIN:

https://www.grin.com/document/484045

Anonym

Einsendeaufgabe zu Themen der Didaktik und Methodik

GRIN Verlag

GRIN - Your knowledge has value

Der GRIN Verlag publiziert seit 1998 wissenschaftliche Arbeiten von Studenten, Hochschullehrern und anderen Akademikern als eBook und gedrucktes Buch. Die Verlagswebsite www.grin.com ist die ideale Plattform zur Veröffentlichung von Hausarbeiten, Abschlussarbeiten, wissenschaftlichen Aufsätzen, Dissertationen und Fachbüchern.

Besuchen Sie uns im Internet:

http://www.grin.com/

http://www.facebook.com/grincom

http://www.twitter.com/grin_com

Einsendearbeiten im
Fernstudiengang „Erwachsenenbildung"

Einsendeaufgaben zum Modul EB 0400
„Didaktik und Methodik"

EB 0410: Didaktisches Handeln und Kommunikation in Lerngruppen
EB 0420: Didaktisches Design
EB 0430: Methoden und Medien in der Erwachsenenbildung

Da in der deutschen Sprache durch den generischen Maskulin beide Geschlechter gleichermaßen mit einbezogen werden, wird in dieser Arbeit – bis auf seltene Ausnahmen – die männliche Form verwendet. Selbstverständlich sind immer beide Geschlechter gemeint.

Inhaltsverzeichnis

1. Einsendeaufgabe 1

Planen Sie ein Seminar zu einem von Ihnen gewählten Thema und mit einer von Ihnen bestimmten Zielgruppe und wenden Sie dabei die Prinzipien bildungstheoretischer Didaktik nach Klafki an.

Im Folgenden wird ein Seminar zur Grundlagen interkultureller Kompetenz geplant, d.h. es findet eine didaktische Analyse[1] statt. Diese Verfahrensweise gilt im Allgemeinen als zentraler Baustein der bildungstheoretischen Didaktik[2] und dient als Strukturierungshilfe der Unterrichtsvorbereitung.[3] Hier erfolgt sie unter Anwendung der Prinzipien der bildungstheoretischen Didaktik nach Klafki[4] mit Hilfe der fünf von ihm formulierten Fragestellungen.[5]

Vorweg ist es wichtig festzuhalten, dass die Zielgruppe des Seminars Mitarbeiter des Gesundheitswesens bilden. Es handelt sich um eine homogene Gruppe, die mehrheitlich aus Kinderkrankenschwestern und Pflegefachkräften mit mehrjähriger Berufserfahrung, ohne eigene Migrationserfahrung, besteht.

1.1 Gegenwartsbedeutung: Welche Bedeutung hat der betreffende Inhalt bereits im geistigen Leben meiner Teilnehmenden (TN)? Welche Bedeutung soll er – vom pädagogischen Gesichtspunkt aus gesehen – darin haben?

Die steigende Zuwanderung bringt ohne Zweifel eine Vielfalt und neue Chancen für unsere Gesellschaft, zugleich stellt sie jedoch die sozialen Systeme und damit natürlich auch die Mitarbeiter des Gesundheitswesens vor die Aufgabe, sich auf die besonderen Bedarfe der Menschen mit Migrationshintergrund einzustellen. Diese Situation bewirkt, dass die potenziellen TN von ihren Arbeitgebern aufgefordert werden, sich in interkultureller Kompetenz fortzubilden. Demnach weist der betreffende Inhalt eine Bedeutung im geistigen Leben der TN auf, die die Erfüllung berufsbedingter Anforderungen betrifft. Gleichzeitig existiert ein hoher Grad an Verunsicherung bzw. negativen Stress im Arbeitsalltag. Beispielhaft herfür können Verständigungsschwierigkeiten, höhere Komplexität der Problemlagen der Familien mit Migrationshintergrund und dadurch entstehender höherer Arbeitsaufwand (besonders in dem Bereich der Krankheits- bzw. Therapieaufklärung, bei

---

[1] Anm. d. Verf. Der didaktischen Analyse wird die zentrale Rolle für die Unterrichtsgestaltung zugeschrieben, um die Bildungsaufgaben zu realisieren. Vgl. Didagma Didaktik Glossar Online. Suchwort Bildungstheoretische Didaktik. Zentrum für Lehrerbildung der Technischen Universität Kaiserslautern. Online Abruf am 27.02.2019
[2] Vgl. Ebenda
[3] Vgl. Ebenda
[4] Vgl. Felden, H. von (2014): Didaktisches Handeln und Kommunikation in den Lerngruppen. Studienbrief EB 0410. Technische Universität Kaiserslautern. Distance and Indenpendence Studies Center (DISC), Kaiserslautern, Seite 17
[5] Vgl. Ebenda

elterlicher Anleitung und Motivation sowie Vernetzung), angeführt werden. Dies erschwert die Arbeitsabläufe und zudem belastet die TN auch auf der persönlichen Ebene. Um diesen Phänomenen erwachsenpädagogisch zu begegnen, ist es von essentieller Bedeutung, dass die TN ihre Haltung, ihre eigenen kulturellen Prägungen, Kenntnisse, Strategien und ihre Wahrnehmungs-Möglichkeiten zunächst reflektieren und fokussieren, um ihre Ressourcen und Gestaltungsspielräume wahrzunehmen sowie das Erlernen neuer Strategien daran anzuknüpfen. Des Weiteren sollen sie ihre Reflexivitätskompetenz, Ambiquitätstoleranz, Problemlösefähigkeit, Konfliktmanagement, Delegationskompetenz, Flexibilität und offene Haltung erweitern und neue Strategien des Umgangs mit Interkulturalität erlernen. Auch spezifisches interkulturelles Wissen zur Nutzung migrationsspezifischer Netzwerke sowie Supervisionen dürfen nicht fehlen.

1.2 Zukunftsbedeutung: Worin liegt die Bedeutung des Themas für die Zukunft der Teilnehmenden?

Die interkulturelle Kompetenz wird im Zeitalter der Globalisierung, Internationalisierung, Mediatisierung und Migration meist als die Schlüsselkompetenz des 21-Jahrhunderts[6] bezeichnet. Es ist anzunehmen, dass zukünftig die gesellschaftlich-beruflichen und persönlichkeitsbezogenen Anforderungen an die SN-Fachkreise in Bezug auf interkulturelles Agieren mit Menschen mit Migrationshintergrund steigen werden.[7] Die TN werden durch die Qualifikationserweiterung zu dem Thema gewappnet, der SN-Arbeit mit Familien mit Migrationshintergrund und zugleich auch den zukünftigen Herausforderungen der heterogenen Gesellschaft adäquat(er) entgegentreten zu können.

1.3 Struktur des Inhalts: Welche ist die Struktur des (durch die Fragen 1 und 2 in die spezifisch pädagogische Sicht gerückten) Inhalts?

Eine Seminarstruktur ist vonnöten, die den hohen Grad der Verunsicherung der potenziellen TN durch die Belastungen und Überforderungssituationen durch die Arbeit mit Menschen mit Migrationshintergrund sowie Arbeitgeberanforderungen zu berücksichtigen vermag. Hierfür sind strukturell zunächst die TN-Anliegen zu würdigen und zu reflektieren. Des Weiteren sind die Reflexion eigener Kultur, der Haltung der Fremdheit gegenüber und Überblick über bereits vorhandene Kenntnisse als Grundlage und auch Empowerment erforderlich. Anschließend geht es inhaltlich um die Erweiterung vorhandener Strategien, Reflexivitätskompetenz, Ambiquitätstoleranz, Problemlösefähigkeit und Flexibilität der TN. Außerdem soll der Aufbau von spezifischen interkulturellen Kenntnissen,

---

[6] Vgl. Bertelsmann Stiftung (Hrsg.) (2008): Interkulturelle Kompetenz – Die Schlüsselkompetenz im 21. Jahrhundert? Bertelsmann Stiftung, Gütersloh, Seite 4. Online Abruf am 19.03.2019
[7] Vgl. Meyer, M. (2019): Deutscher Arbeitsmarkt auf außereuropäische Zuwanderung angewiesen. Online. www.bertelsmann-stiftung.de Abruf am 06.03.2019

migrationsspezifischer Netzwerke, Medienkompetenz sowie der Transfer des Gelernten in den Alltag, stattfinden.[8]

1.4 Exemplarische Bedeutung: Welchen allgemeinen Sachverhalt, welches allgemeine Problem erschließt der betreffende Inhalt?

Der betreffende Inhalt sucht grundsätzlich den Mangel an interkultureller Kompetenz, Reflexivität und Souveränität der SN-Fachkräfte bzw. damit verbundene Unsicherheiten im Umgang mit Menschen mit Migrationshintergrund zu erschließen. Im Besonderen können Themen, wie z.b. die ethnozentrische Denkweise, die mangelnde Selbstreflexivität und zu geringe Problemlösekompetenz genannt werden. Zudem kann festgestellt werden, dass das allgemeine Problem in der als bedrohlich empfundenen, sich verändernden Gesellschaft gesehen werden kann: „Das Hauptproblem ist nach wie vor, dass Mobilität und Diversität – systemtheoretisch formuliert – als Teil einer gefährdenden Umwelt, statt als immanenter Bestandteil der eigenen Wirklichkeitskonstruktion betrachtet werden."[9]

1.5 Zugänglichkeit: Welche sind die besonderen Fälle, Phänomene, Situationen, Versuche, in oder an denen die Struktur des jeweiligen Inhaltes den Teilnehmenden dieser Bildungsstufe, dieses Berufs, interessant, fragwürdig, zugänglich, begreiflich, ‚anschaulich' werden kann?

Die besonders anschaulichen Situationen werden durch die eigenen Fallbeispiele der TN (sog. „critical incidents") abgebildet. Sehr zugänglich sind die TN außerdem für die interkulturellen Situationen und Phänomene aus der Arbeitswelt aller Akteure aus dem Gesundheits- und Sozialwesen, die an der Versorgung von Familien mit Migrationshintergrund beteiligt sind. Zudem interessieren sich die TN auch für die interkulturellen Begegnungen und Fakten, Filme, Literatur, Berichte oder Interviews aus dem Alltag der Familien mit Migrationshintergrund. Die potenziellen TN sind eher an handlungsorientierten „Rezepten", Bildern, Beispielen und nachvollziehbaren Metaphern[10], interessiert. Dabei ist die Bereitschaft der TN, die eigene Komfortzone zu verlassen, ungewiss. Außerdem ist der Fokus der TN auf die kulturellen Unterschiede und die starke Stereotypisierungsneigung zu meistern[11]. Durch die persönliche Betroffenheit der TN stellt die Motivation der „unfreiwilligen TN", die den Kurs auf Anordnung eines Vorgesetzten besuchen, meist kein Problem dar.

---

[8] Anm. d. Verf. Zur Entwicklung der Fortbildung liegt eine Konzeption vor. Unveröffentlicht. Zur didaktisch-methodischen Gestaltung vgl. Eß, O. (Hrsg.) (2010): Das Andere lehren. Handbuch zur Lehre Interkultureller Handlungskompetenz. Waxmann. Münster, Seite 40.
[9] Yildiz, E., Hill, M.(Hrsg.) (2015): Nach der Migration. Postmigrantische Perspektiven jenseits der Parallelgesellschaft. Transcript Verlag, Bielefeld, Seite 119
[10] Vgl. Blom, H./Meier, H. (2002): Interkulturelles Management: interkulturelle Kommunikation, internationales Personalmanagement, Diversity-Ansätze im Unternehmen, Verlag Neue Wirtschafts-Briefe, Herne; Berlin, Seite 35
[11] Vgl. Ebenda

2. Einsendeaufgabe 2

Planen Sie ein Seminar zu einem von ihnen gewählten Thema und mit einer von Ihnen bestimmten Zielgruppe und wenden Sie dabei die Prinzipien konstruktivistischer Didaktik nach Reich an.

Eine nähere Ausführung und Begründung des theoretischen Ansatzes der konstruktivistischen Didaktik nach Reich würde über den Rahmen dieser Ausarbeitung hinausgehen, es wird daher ein praktischer Zugang zur Anwendung seiner Prinzipien gewählt. Um die Planung des Seminars vorzunehmen, werden zunächst die drei Ebenen der Ermöglichung des Lernens – Konstruktion, Rekonstruktion und Dekonstruktion[12] - als bedeutendste Perspektiven des didaktischen Handelns nach Reich, kurz vorgestellt. Die erste Ebene, die sog. **Konstruktionsebene,** hält fest, dass die Menschen Konstrukteure, „Erfinder ihrer Wirklichkeit"[13], sind. Demzufolge sind die eigenen Konstruktionen der Wirklichkeit der Individuen didaktisch zu fördern. Dies kann optimaler Weise durch die Ermöglichung des Ausprobierens, aber auch durch Selbsterfahrung und Experimentieren, geschehen.

Der Leitgedanke der zweiten Ebene – der sog. **Rekonstruktionsebene** - lautet: „Wir sind die Entdecker unserer Wirklichkeit".[14] Hier entdecken Lernende neue Erkenntnisse, solche, die nicht von ihnen selbst erdacht, erforscht oder erfunden wurden. Diese müssen von den Lernenden erschlossen werden, um die eigenen Konstruktionen zu ermöglichen. Maßgebend für diese Ebene ist die Beobachterposition.

Der Grundsatz der dritten Ebene - der sog. **Dekonstruktionsebene** - hinterfragt: „Es könnte auch noch anders sein! Wir sind die Enttarner unserer Wirklichkeit!".[15] Diese Ebene visiert Skeptizismus und kritische Fragen, aber auch Perspektivwechsel und Fragen nach Auslassungen bzw. Ergänzungen, an. Es ist wichtig festzuhalten, dass der Dekonstruktions-phase Konstruktionen und Rekonstruktionen nachfolgen sollten, um den Lernerfolg sicherzustellen.

Als die zweite praktische Zugangskomponente des konstruktivistischen Lernverständnisses stehen zudem die drei didaktischen Rollen der Lehrenden und Lernenden: als Beobachter des Geschehens, als Teilnehmer (TN), die aktiv „(...) an der Auswahl der Intentionen, Inhalte und Methoden sowie Medien partizipier[en]   (...)"[16] und als Akteure, die handeln, experimentieren und evaluieren.[17]

---

[12] Vgl. Reich, K.(2012): Konstruktivistische Didaktik. Lehr- und Studienbuch mit Online-Methodenpool. Beltz Pädagogik, Weinheim. Seite 119
[13] Reich, K.(2012), Seite 119
[14] Ebenda
[15] Reich, K.(2012) Seite 121
[16] Reich K., (2005): Konstruktivistische Didaktik. Beispiele für eine veränderte Unterrichtspraxis. In: Schulmagazin 5- 10 Impulse für kreativen Unterricht. 3/2005 Oldenbourg Verlag, München , Seite 7
[17] Vgl. Felden, H. von (2014): Studienbrief EB 0410, Seite 20 f.

Des Weiteren verbleibt es noch zu betonen, dass die Beziehungsebene, die nach Reich eine entscheidende Rolle in Lehr- und Lernsituationen annimmt,[18] durchgehend durch den Aufbau und Förderung positiver Lernatmosphäre und kommunikatorisch-emotionaler Resonanz, aufgebaut und gefördert werden sollte.

Im Folgenden wird die Planung eines Seminars „Case-Management (CM)[19]-Begleitung von Patienten mit chronischen Schmerzerkrankungen" nach Prinzipien konstruktivistischer Didaktik nach Reich vorgenommen. Die Lehrveranstaltung findet im Rahmen des Moduls „Handlungsspezifische Rahmenbedingungen", innerhalb der Weiterbildung zum Case Manager im Gesundheits- und Sozialwesen (DGCC[20]), statt. Die TN bilden eine heterogene Zielgruppe: Sie besteht aus diversen Fachkräften des Gesundheits- und Sozialwesens mit mehrjähriger Berufserfahrung. Das Seminar bietet den TN Input und Training, um eine Durchführung, Verschriftlichung und Präsentation eines CM-Falles (Hausarbeit), vorzubereiten.

Die **Seminarplanung** beginnt mit dem **Baustein A**, der hauptsächlich die Ebene der **Rekonstruktion** fokussiert und durch einen Besuch (Hospitation) einer CM-Begleitstelle für chronisch Schmerzkranke realisiert wird. Neben dem Kennenlernen der Praxis führen TN Interviews mit den Mitarbeitern der Einrichtung und sichten Dokumentationen und Beratungsmaterialien. Sie erhalten Input und die Gelegenheit, die Arbeit der Begleitstelle zu beobachten, um die eigenen Konstruktionen, bzw. Rekonstruktionen, zu ermöglichen. Die Lerner sind hauptsächlich als Rekonstruierer bzw. Beobachter aktiv, jedoch während der Interviews agieren sie als Akteure. Zudem sind sie auch durch nachvollziehende Teilnahme, als TN, aktiv. Der Lehrende ist u.U. hauptsächlich als Beobachter tätig, jedoch auch als Akteur und Moderator, der den Austausch initiiert und begleitet, TN zum Handeln bewegt und evaluiert.

In dem Baustein B erfolgt eine Reflexion, Diskussion und Zusammentragen der Erkenntnisse des Besuchs in der CM-Leitstelle als Gruppenarbeit und eine abschließende Diskussion im Plenum. Demnach wird hier hauptsächlich die Ebene der **Dekonstruktion** anvisiert. Eine kritische Betrachtung der Arbeit der besuchten CM-Leitstelle, wie z.B. das Einhalten und praktische Handhabe der CM-Prinzipien, findet statt. Zudem wird die sog. „Was fehlt" – Frage gestellt. Es wird gemeinsam eine Pinnwand als ein Katalog der

---

[18] Vgl. Reich, K. (2004):Konstruktivistische Didaktik im Blick auf Aufgaben der Fachdidaktik Pädagogik. In: Klaus Beyer (Hrsg.) (2004): Planungshilfen für den Fachunterricht. Die Praxisbedeutung der wichtigsten allgemeindidaktischen Konzeptionen. Schneider Verlag Hohengehren, Baltmannsweiler, Seite 114. Online Abruf am 28.02.2019

[19] Anm. d. Verf. CM Definition: „Case Management ist eine Verfahrensweise in Humandiensten und ihrer Organisation zu dem Zweck, bedarfsentsprechend im Einzelfall eine nötige Unterstützung, Behandlung, Begleitung, Förderung und Versorgung von Menschen angemessen zu bewerkstelligen. (…)." DGCC online, Abruf am 28.02.2019

[20] Anm. d. Verf. DGCC - Deutscher Gesellschaft für Care und Case Management - fördert die Anwendung und Entwicklung von Care und Case Management im Sozialwesen, im Gesundheitswesen, in der Pflege, im Versicherungswesen und in der Beschäftigungsförderung. DGCC Online Abruf am 03.01.2019

wichtigsten Erkenntnisse für die eigene CM-Praxis erarbeitet. Die Lerner sind hauptsächlich als Dekonstruierer – Kritiker – aktiv. Die Rollen des Rekonstruierers und Konstruierers sind jedoch auch präsent (Pinnwandarbeit). Des Weiteren nehmen die Lerner ihre Rollen als Akteur (als Kritiker, Brainstormer), Beobachter und Teilnehmer, wahr. Der Lehrende ist während der Reflexionsprozesse als Akteur (Moderation, Ablaufsicherung) und Beobachter (Aufgabe: Moderation, Evaluation) tätig.

Baustein C konzentriert sich hauptsächlich auf die Ebene der **Konstruktion**. Es findet zunächst ein Rollenspiel als Gruppenarbeit zu dem Thema Durchführung einer CM-Beratung für chronisch Schmerzkranke statt. Dem folgt die Erarbeitung und Präsentation der Rollenspiel-Erkenntnisse der Gruppen und eine Gesamtreflexion im Plenum. Anhand dieser Ergebnisse und Zuhilfenahme des Schmerzpfadmodells erarbeiten die TN anschließend einen idealtypischen CM-Fall-Verlauf, sog. CM-Patientenpfad. Während des Rollenspiels sind die Lerner hauptsächlich als Konstruierer aktiv. Die Erstellung eines idealtypischen Fall-Verlaufs fordert zunächst die Ebene der Dekonstruktion, um im Anschluss in die Re- bzw. Konstruktionsphase zu wechseln. Die TN wirken hauptsächlich als Akteure (im Rollenspiel, als Patientenpfad-Ersteller) und Beobachter. Der Lehrende ist hauptsächlich als Akteur (Anleitung, Gruppenaufteilung, Ablaufsicherung) und Beobachter (Moderation, Evaluation) tätig.

In dem abschließenden **Baustein D** erfolgt hauptsächlich **Dekonstruktion**, eine Reflexion bzw. Kritik der Lern- und Vorgehensweise: War ein Besuch der Begleitstelle/Hospitation hilfreich? Bietet ein idealtypischer Fall eine gute Hilfestellung für die Arbeit als CM? Welche Ergebnisse sind auf andere Krankheitsbilder/Bereiche übertragbar? Was fehlt noch um die Hausarbeit zu bewältigen? Diese und weitere offenen Fragen werden gemeinsam beantwortet, eine Zusammenfassung (eine Visualisierung in Mind-Map-Form) erstellt und weitere Lernschritte vereinbart. Die Lerner sind hauptsächlich als Dekonstruierer aktiv. Die Rollen des Rekonstruierers und Konstruierers sind jedoch zum Schluss, bei gemeinsamer Erstellung der Mind-Map und Vereinbarung von weiteren Lernschritten, gleichermaßen aktiv. Die Lerner fungieren hauptsächlich als Akteure (als Kritiker, Fragensteller, Mind-Map-Ersteller) und Beobachter. Der Lehrende ist als Akteur, Verantwortlicher für die Umsetzung des Handlungsentwurfes, Ergebnisorientierung und Ablaufsicherung sowie die Bearbeitung von Fragestellungen, und auch als Beobachter (Moderation, Evaluation) tätig.

3. Einsendeaufgabe 3

Vergleichen Sie – z. B. anhand eines Volkshochschulprogramms – Seminare a.) mit einem geschlossenen Curriculum, b.) mit einem offenen Curriculum, c.) mit dem Schwerpunkt Identitätslernen, d.) mit dem Schwerpunkt Qualifikationslernen.

a.) Die **geschlossenen Curricula**[21] fokussieren die Lernergebnisfrage im engeren Sinne (program outcomes).[22] Sie zeichnen sich hauptsächlich durch die Vorgabe verbindlicher Lehrpläne, Lehrbücher und Prüfungsrichtlinien,[23] wobei ein lehrerzentriertes, fremd-bestimmtes Unterrichtsstil zu erwarten ist. Musterhaft für geschlossene Curricula können die von VHS-Augsburg angebotenen Zertifikatskurse, berufliche Weiterbildungen und Kurse zum Nachholen der Schulabschlüsse angeführt werden. Beispielsweise in dem Kurs „Abitur-vorbereitung Mathematik 2019" wird der gesamte Lernstoff für das bundeslandspezifische Mathematikabitur wiederholt und trainiert. Inhalte der Oberstufe stellen die verbindlichen Vorgaben dar, entsprechen den Vorgaben des Bundesland Staatsministeriums für Unterricht und Kultus und zudem dominiert hier eine starke Vorgaben- und Praxisorientierung.

b.) Bei den sog. **„offenen Curricula"** nimmt für deren Planung und Realisierung die Partizipation der Betroffenen zentrale Bedeutung an.[24] Ein offenes Curriculum folgt einem groben Orientierungsrahmen zu dem Thema, Zeiten und/oder Lernorten, erfolgt mit und durch die Beteiligten und wird durch sie, als wechselseitiger Lernprozess, „konkretisiert und ständig modifiziert".[25]

VHS bietet vielfältige Kurse mit offenen Curricula, wie z.B. ein Frauengesprächskreis, ein Leseclub und einige Seniorenveranstaltungen, an. Musterhaft kann hier der „Diskussionskreis 60 plus" angeführt werden. Die Zielgruppe dieses Kurses trifft sich zum Meinungsaustausch, wobei es keine Vorgaben zur Themenauswahl gibt. Der Fokus liegt auf der Kommunikation und Gemeinsamkeit. Zudem kann als ein übergeordnetes Ziel der Veranstaltung auch die psychosoziale Stabilisierung (als Maßnahme gegen Vereinsamung) gesehen werden. Als bevorzugter Lernstil ist hier das Erfahrungslernen zu benennen und als überwiegendes Lehrverhalten ist Moderation und Anregung zum Austausch zu erwarten.

Die Abgrenzung der geschlossenen und offenen Curricula erfolgt durch den Grad der Festlegung der Lehr-/Lernprozesse, wobei die geschlossenen und offenen Curricula

---

[21] Anm. d. Verf. Die Curricula „im Allgemeinen" folgen unterschiedlichen Konzeptionen und Gliederungsarten, und werden als Lehrpläne, die „(...) die Lehrinhalte und die Lehrziele samt der gleichzeitigen Einbindung von Lehrmethode und Lehrmaterial definieren[.]", beschrieben. Vgl. Didagma Didaktik Glossar. Zentrum für Lehrerbildung der Technischen Universität Kaiserslautern. Online Abruf am 27.02.2019
[22] Vgl. Schlögl, P. (2012): Leitfaden zur lernergebnisorientierten Curriculumentwicklung. Bundesministerium für Unterricht, Kunst und Kultur, Abteilung Erwachsenenbildung, Wien, Seite 12. Online Abruf am 07.03.2019
[23] Vgl. Siebert, H. (2012): Didaktisches Design. Studienbrief EB 0420. Technische Universität Kaiserslautern. Distance and Indenpendence Studies Center (DISC), Kaiserslautern, Seite 13
[24] Vgl. Steinmann, S., Gramlinger, F. (2003): Die Umsetzung des Lernfeldkonzeptes – (k)ein Lernprozess? bwp@ Berufs- und Wirtschaftspädagogik – online Abruf am 27.02.2019
[25] Siebert, H. (2012): Studienbrief EB 0420, Seite 14

entgegengesetzte Pole (Vorgabe/Verbindlichkeit der Inhalte[26] versus gestalterische Partizipation der TN[27]) der vertikalen Achse H. Sieberts Orientierungsschema der Didaktik[28] annehmen. An dem Beispiel einer Veranstaltung mit dem offenen Curriculum, dem „Diskussionskreis 60 plus", wird es sichtbar, dass hier der Bezug zum Erwachsenenlernen, d.h. das Eingehen auf das Vorwissen und die Erfahrungswelt der Teilnehmenden sowie eine Auseinandersetzung mit deren Lebenswirklichkeit, gegeben ist. Diese Tatsache und zudem die aktive Mitwirkung bei der Entwicklung eines Curriculums können eine intensive Identifizierung und starke (Lern-) Motivation implizieren. Zugleich besteht aber die Gefahr einer zu großen Unverbindlichkeit. Bei den Seminaren mit den geschlossenen Curricula ist dagegen eine starke Abhängigkeit von den verbindlichen inhaltlichen Vorgaben gegeben. Während des Kurses „Abiturvorbereitung Mathematik 2019" erfährt diese Dimension eine entschieden starke Gewichtung. Dadurch kann es zu Einschränkungen der Partizipation kommen: Ein zu starres Festhalten an den Vorgaben kann problematisch werden, falls das Vorwissen und die Wissenslücken der Teilnehmenden zu wenig Beachtung erfahren.

Demnach ist es sinnvoll, bei der Seminarplanung beide Dimensionen auszubalancieren und stets die „goldene Mitte" zwischen den beiden Polen zu suchen.

Im Folgenden werden die sog. Intentionalitätskomponenten[29] - Identitäts- und Qualifikations-lernen – betrachtet, die in H. Sieberts Orientierungsschema der Didaktik an den entgegen-gesetzten Polen der horizontalen Achse stehen.[30]

c.) Seminare mit dem **Schwerpunkt Identitätslernen** zielen auf die Formung und Förderung sowie Bewältigung von Themen der eigenen, u.U. bedrohten Identität.[31] Dies geschieht zumeist durch die selbstreflexive Beschäftigung mit der eigenen Situation.[32] Die Kurse mit dem Schwerpunkt „Identitätslernen" sind vorwiegend in dem VHS-Themenbereich „Kultur und Kunst" zu finden und laden meist zur Veränderung der eigenen Denkweise und des Lebensstils ein. Beispielhaft hierfür kann ein VHS - Vortrag mit Diskussion „Die Ungerechtigkeit, sich selbst nicht richtig zu verstehen" angeführt werden. Diese Veranstaltung, bietet eine Auseinandersetzung mit der These, dass die Gesellschaft sog. „marginalisierten Gruppen" ein Wissen zu gewissen Begriffen vorenthält, das ihnen ihre soziale Situation verständlicher machen würde. Im Vortrag wird dies anhand der Begriffe "Vergewaltigung" und "sexuelle Belästigung" diskutiert.

---

[26] Vgl. Siebert, H. (2012): Studienbrief EB 0420, Seite 13
[27] Vgl. Ebenda, Seite III
[28] Vgl. Anlage 1, Abbildung nach Siebert, H. (2012): Studienbrief EB 0420, Seite 13
[29] Vgl. Siebert, H. (2012): Studienbrief EB 0420, Seite 14
[30] Vgl. Anlage 1, Abbildung nach Siebert, H. (2012): Studienbrief EB 0420, Seite 13
[31] Vgl. Philipp, T. (2007): Identität und Bildung - Zur Kompetenzentwicklung von Erwachsenen im Zeichen gesellschaftlicher Umbrüche. Deutsches Institut für Erwachsenenbildung. DIE Texte online, Seite 17 Abruf am 27.02.2019
[32] Vgl. Philipp, T. (2007): Seite 32

d.) Seminare mit dem **Schwerpunkt Qualifikationslernen** beziehen sich auf das Erlernen bzw. Erwerben von Qualifikationen, betreffen demnach berufliche Inhalte, aber auch Freizeitthemen, Erwerb von Fremdsprachen, Umweltschutz oder politische Arbeit.[33] VHS-Programme bieten hierfür eine Vielzahl von Kursen und Lehrgängen an. Beispielhaft für diese Lernart kann der Erwerb der Zusatzqualifikation Erlebnispädagogik genannt werden. Zielgruppe der Weiterbildung sind alle Personen, die mit Kindern, Jugendlichen und Erwachsenen arbeiten oder diese Tätigkeit anstreben. Die berufliche Qualifizierungs-dimension wird durch curriculare Angaben, Ablaufbeschreibungen und Zertifizierungs-bedingungen zur erlebnispädagogischen Handlungskompetenz sichtbar.

Die Unterscheidungsmerkmale der sog. Intentionalitätskomponenten nach Siebert[34] weisen auf die konstitutive Dualität der individuellen und qualifizierenden Lernziele der Menschen hin, wobei das Identitäts- und Qualifikationslernen entgegengesetzte Pole der horizontalen Achse H. Sieberts Orientierungsschema der Didaktik[35] belegen. Einer reflexiven Auseinandersetzung mit den Identitätsthemen steht der Kompetenzerwerb gegenüber. Da jedoch das Identitätslernen aufgrund des dynamischen gesellschaftlichen Wandels eine facettenreiche und stets zunehmende Dimension der Erwachsenenbildung darstellt, sollte es auch innerhalb des Qualitätslernens nicht fehlen.[36]

Abschließend ist es wichtig anzuführen, dass H. Sieberts Orientierungsschema der Didaktik[37], ermöglicht, die Bildungsangebote (Aufklärung, Schulung, Kommunikation und Projekt) als vier didaktische Modelle[38] in Verbindung mit deren Zielen, Lernstilen, Lehrverhalten und Organisationsformen zu verorten und zu systematisieren. Eine Integration verschiedener didaktischen Modelle in der Praxis (wie z.B. Kommunikation und Schulung beim Fremdsprachenlernen) wird erwachsenpädagogisch empfohlen.[39]

---

[33] Vgl. Siebert, H. (2012): Studienbrief EB 0420, Seite 14
[34] Vgl. Siebert, H. (2012): Studienbrief EB 0420, Seite 14
[35] Vgl. Anlage 1, Abbildung nach Siebert, H. (2012): Studienbrief EB 0420, Seite 13
[36] Vgl. Ebenda
[37] Vgl. Anlage 1, Abbildung nach Siebert, H. (2012): Studienbrief EB 0420, Seite 13
[38] Vgl. Anlage 2, Abbildung nach Siebert, Studienbrief EB 0420, Seite 18
[39] Vgl. Siebert, H. (2012): Studienbrief EB 0420, Seite 18

4. Einsendeaufgabe 4

Skizzieren Sie methodische Konsequenzen der im zweiten Kapitel behandelten, unterschiedlichen Lernstrategien, Lernstile sowie der Emotionen. (Studienbrief EB 0430)

4.1. Methodische[40] Konsequenzen unterschiedlicher Lernstrategien

Die besondere Bedeutung der Thematik der Lernstrategien für das organisierte bzw. absichtsvolle Lernen[41] erklärt zunächst die Tatsache, dass die Individuen nach bestimmten Konzeptionen bzw. Gewohnheiten lernen. Dabei nutzen sie Lernstrategien (LS), somit Handlungsansätze von unterschiedlicher Komplexität, die die Bewältigung der Lernaufgaben ermöglichen bzw. unterstützen.[42] Diese lassen sich in kognitive und metakognitive LS unterscheiden. Kognitiven LS-Handlungen wird die Informationsaufnahme und/oder die Auseinandersetzung mit konkreten Lerngegenständen zugeschrieben, die mit Hilfe von Techniken, wie Wiederholung, Organisieren (z.B. Mnemotechniken, Mindmaps, Zusammenfassungen) und Elaborieren (Erschließung des Lernstoffs durch Erarbeitung der Details und Systematik)[43], geschehen. Metakognitive LS beziehen sich auf die Betrachtung, Planung, Monitoring und Evaluation des eigenen Lerngeschehens.[44]

Als die methodischen Konsequenzen für das organisierte bzw. absichtsvolle Lernen kann hier die Notwendigkeit der Integration von kognitiven und metakognitiven Strategien und Lernmethoden in die Lehre genannt werden. Diese sog. Primärstrategien stehen in direkter Verbindung zu den Lehrinhalten und werden als der Mittelpunkt der individuellen Lernsteuerung bezeichnet.[45] Dies bedeutet im Speziellen, dass die Sensibilisierung für die Rolle und Möglichkeiten der LS sowie deren Anwendung in die Lernarrangements eingefügt werden soll, denn durch das Zusammenwirken der LS, wie kognitiver LS-Techniken, metakognitiver Strategien der Selbststeuerung, prozesshaften Überwachens des eigenen Lernverhaltens, Gedächtnis- und Arbeitsorganisation sowie des Zeitmanagements, wird das erfolgreiche Lerngeschehen ermöglicht und arrangiert.[46]

Zudem werden noch ressourcenbezogene Lernstrategien angeführt, die sich wiederum in innere Ressourcen (z.B. Motivation, Stressverhalten) und Äußere Ressourcen (z.B. soziales Umfeld, Lernumgebung) unterteilen. Diese verdienen besondere Beachtung, denn das

---

[40] Anm. d. Verf. „Methoden sind helfende Verfahrensweisen, deren Auswahl im didaktischen Handeln durch die Faktoren Gruppe, Lehrende, Ziele, Inhalt und Rahmenbedingungen begründet wird." Knoll, J.(1993): Kurs- und Seminarmethoden. Ein Trainingsbuch zur Gestaltung von Kursen und Seminaren, Arbeits- und Gesprächskreisen. Beltz Verlag, Weinheim,Seite 11 f. In: Didagma Online. Abruf am 07.03.2019
[41] Vgl. Höffer-Mehlmer, M. (2014): Methoden und Medien in der Erwachsenenbildung. Studienbrief EB 0430. Technische Universität Kaiserslautern. Distance and Indenpendence Studies Center (DISC), Kaiserslautern, Seite 22
[42] Vgl. Stangl, W. (2019): Lernstrategien – Lerntypen – Lernstile. Online Abruf am 01.03.2019
[43] Vgl. Höffer-Mehlmer, M. (2014): Studienbrief EB 0430, Seite 22 f.
[44] Vgl. Stangl, W. (2019)
[45] Vgl. Ebenda
[46] Vgl. Höffer-Mehlmer, M. (2014): Studienbrief EB 0430, Seite 24

Lerngeschehen ist nur dann möglich, wenn die Lernenden die inneren und äußeren Ressourcen ausreichend nutzen können. Auch hier ist die Sensibilisierung, Wissensvermittlung und Kompetenzvermittlung vonnöten, beispielsweise für den Umgang mit der eigenen Anstrengung (wie z.b. mit den Motivationsschwankungen), eigener Aufmerksamkeit (Konzentrationsübungen, Fokussieren, Priorisieren) und dem Zeitmanagement. Außerdem sollten auch Themen, wie Z.B. die Gestaltung des Arbeitsplatzes, die Kooperation mit der Lerngruppe und die Nutzung von Informationsquellen, Berücksichtigung finden.[47]

4.2. Methodische Konsequenzen unterschiedlicher Lernstile

Mit dem Begriff „Lernstil" sind „(...) relativ dauerhafte Verfahren zur Aneignung, Verarbeitung und Anwendung von Wissen und Fertigkeiten gemeint."[48] Ein wichtiges Charakteristikum der Lernstile ist es, dass sie im Laufe der Lernbiografie, als „in der primären und sekundären Sozialisation"[49] erworbene Strategien, meist konstant verbleiben. Außerdem steht fest, dass die Anwendung der Lernstile meist unabhängig der wechselnden Lerninhalte und –ziele erfolgt.[50] Die Tatsache, dass die Lernenden unter denselben Bedingungen ungleiche Lernerfolge erlangen, kann durch die Lernstil-Unterschiede begründet werden. Sie können beispielsweise durch unterschiedliche Lerntempi oder Feldabhängigkeiten der Teilnehmenden[51] erklärt werden. Des Weiteren werden Lernerfolg-Unterschiede oft auf die Präferenzen bezüglich Sinnesmodalitäten zurückgeführt: Menschen (sowohl Lerner als auch Lehrer) favorisieren bestimmte Wahrnehmungskanäle visueller, auditiver oder haptischer Natur.[52] Zudem existieren weitere Lernstil-Konzepte, wie z.B. nach Kolb, Schrader, Honey Mumford oder Pask,[53] die Berücksichtigung finden können.

Die methodischen Konsequenzen sind in dem Fall auf dem Feld der Ausrichtung der Lehre auf die unterschiedlichen Teilnehmenden-Lernstile zu verorten. Die unterschiedlichen Lernstil-Konzepte bieten eine Orientierungshilfe und konkrete Empfehlungen, damit die Ermöglichung besserer Lernerfolge besser gelingen kann. Obwohl die Theorien bzw. Konstrukte der Lernstile kritisiert werden, da den Typologien wissenschaftlicher Nachweis meist fehlen soll[54], helfen diese den Lehrenden, die Seminare methodisch heterogener zu gestalten und die Förderung der Lerner diverser Lernstärken, -tempi, Sinnes- und/oder Aneignungspräferenzen zu optimieren. Parallel dazu kann durch die Anwendung der

---

[47] Vgl. Stangl, W. (2019)
[48] Siebert, H. (2015) Studienbrief EB 0330, Seite 16
[49] Ebenda
[50] Vgl. Ebenda
[51] Vgl. Höffer-Mehlmer, M. (2014): Studienbrief EB 043027
[52] Ebenda
[53] Vgl. Stangl, W. (2019)
[54] Vgl. Stangl, W.: Die Lerntypentheorie – eine Kritik. Online Abruf am 01.03.2019

Erkenntnisse der unterschiedlichen Lernstile auch die Gestaltung und Ausstattung des Lernumfeldes profitieren.[55] Auch in Bezug auf „die Lerner selbst" sind methodische Konsequenzen zu bedenken: Die Lernenden sollten nicht nur die Konzeptionen der Lernstile kennen, sondern auch die Möglichkeiten erhalten, diejenige Lernstrategien und -methoden herauszufinden und einzuüben, die ihren Lernstilpräferenzen entsprechen.

4.3. Methodische Konsequenzen der emotionalen Dimension

Die Emotionen sowie emotionale Bewertungen können als entscheidender Bestandteil von Verarbeitungs- und Lernprozessen verstanden werden.[56] Die konstruktivistische Sichtweise bestätigt, dass die emotionale Dimension grundlegende Auswirkungen auf die Weltsicht eines Menschen und somit auch auf das Lerngeschehen hat: Die Konstruktionen der Wirklichkeit, Deutungen und Interpretationen der Menschen sind durch das Streben nach emotionaler Stimmigkeit gekennzeichnet.[57] Emotionen haben demnach gewichtige Auswirkungen auf unser rationales Denken, Lernen und auch die Gedächtnisleistungen.[58] Es steht zudem fest, dass eine optimale Lernleistung und verbesserte „Behaltensleistung"[59] bei positiven Emotionen und Inhalten feststellbar ist.[60] Außerdem ist es anzumerken, dass die Emotionen auch für die Anwendung der Lernstrategien eine gewichtige Rolle spielen, da sie als innere Ressourcen durch die Motivations- und Volitionsprozesse und über deren Erfolg mitentscheiden.[61]

Die methodischen Konsequenzen der genannten Erkenntnisse für die erwachsen-pädagogische Lehr- und Lernarrangements liegen in der Notwendigkeit der Integration von Reflexivitäts-, Wahrnehmungs- und Handlungskompetenzen in Bezug auf die Emotionalität. Zum einen soll der Lehrende seine bevorzugten Reaktionsweisen kennen und diese auch zugänglich machen können. Zum anderen sind Kompetenzen und Wissen eines Lehrenden vonnöten, die es ermöglichen, „(...) Lernende in der Reflexion ihrer Reflexionen bzw. im Fühlen ihrer Gefühle zu unterstützen(...)".[62] Zudem sollte es Möglichkeiten für die Lerner geben, ihre eigenen Reflexivitäts-, Wahrnehmungs- und Handlungskompetenzen in Bezug auf die Emotionalität zu erweitern.

---

[55] Vgl. Luo, X. (2015): Lernstile im interkulturellen Kontext. Eine empirische Untersuchung am Beispiel von Deutschland und China. Dissertation. VS Springer, Seite 17
[56] Vgl. Höffer-Mehlmer, M. (2014): Studienbrief EB 0430, Seite 35
[57] Vgl. Arnold, R., Gómez Tutor, C. (2006):Emotionen in Lernprozessen Erwachsener. In: REPORT (29) 1/2006 DIE online, Seite 41 Online Abruf am 01.03.2019
[58] Martin, P-Y, Nicolaisen T. (Hrsg.)(2015): Lernstrategien fördern. Beltz Verlag, Weinheim Basel, Seite 21 Online Abruf am 01.03.2019
[59] Höffer-Mehlmer, M. (2014), Studienbrief EB 0430, Seite 36
[60] Vgl. Ebenda
[61] Vgl. Ebenda
[62] Arnold, R., Gómez Tutor, C. (2006), Seite 44

Anlagen

Anlage 1

Abb. 1: Orientierungsschema der Didaktik nach Siebert[63]

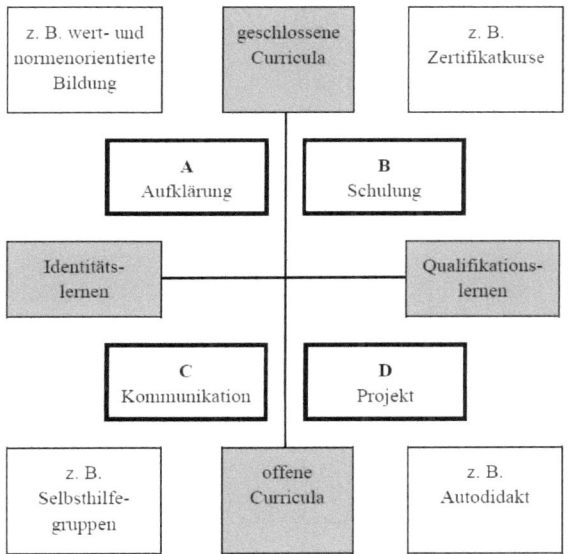

Abb. 1: Orientierungsschema der Didaktik

---

[63] Siebert, H. (2012): Studienbrief EB 0420, Seite 13

Anlage 2

Abb.2 Vier didaktische Modelle: Ziele, Lernstil, Lernverhalten und Organisationsform[64]

	Aufklärung	Schulung	Kommunikation	Projekt
Vorrangiges Ziel	Weltver-ständnis	Effizienz	Psychosoziale Stabilisierung	Veränderung
Bevorzugter Lernstil	Begriffsbil-dung, vernetz-tes Denken	Beobach-tungslernen, Learning by Doing	Erfahrungsler-nen, kommuni-kative Kompe-tenz	Aktives Expe-rimentieren, antizipatori-sches Denken
Überwie-gendes Lehr-verhalten	Hebammen-methode (Selbstdenken fördern)	Vormachen, korrigieren, prüfen	Moderieren, Gespräche anre-gen	Rahmen-bedingungen schaffen, be-raten
Häufige Organisa-tionsform	Seminar	Kurs, Lehr-gang	Gesprächskreis	Werkstatt, Quality Circle

Abb. 2: Vier didaktische Modelle: Ziele, Lernstil, Lehrverhalten und Organisationsform

---

[64] Siebert, H. (2012): Studienbrief EB 0420, Seite 18

Literaturverzeichnis

Blom, H./Meier, H. (2002): Interkulturelles Management: interkulturelle Kommunikation, internationales Personalmanagement, Diversity-Ansätze im Unternehmen, Verlag Neue Wirtschafts-Briefe, Herne, Berlin.

Eß, O. (Hrsg.) (2010): Das Andere lehren. Handbuch zur Lehre Interkultureller Handlungskompetenz. Waxmann, Münster.

Felden, H. von (2014): Didaktisches Handeln und Kommunikation in den Lerngruppen. Studienbrief EB 0410. Technische Universität Kaiserslautern. Distance and Indenpendence Studies Center (DISC), Kaiserslautern.

Höffer-Mehlmer, M. (2014): Methoden und Medien in der Erwachsenenbildung. Studienbrief EB 0430. Technische Universität Kaiserslautern. Distance and Indenpendence Studies Center (DISC), Kaiserslautern.

Luo, X. (2015): Lernstile im interkulturellen Kontext. Eine empirische Untersuchung am Beispiel von Deutschland und China. Dissertation. VS Springer.

Reich, K. (2005): Konstruktivistische Didaktik. Beispiele für eine veränderte Unterrichtspraxis. In: Schulmagazin 5- 10 Impulse für kreativen Unterricht. 3/2005 Oldenbourg Verlag, München.

Reich, K. (2012): Konstruktivistische Didaktik. Lehr- und Studienbuch mit Online-Methodenpool. Beltz Pädagogik, Weinheim.

Siebert, H. (2012): Didaktisches Design. Studienbrief EB 0420. Technische Universität Kaiserslautern. Distance and Indenpendence Studies Center (DISC), Kaiserslautern.

Siebert, H. (2015): Lernstile und Lernschwierigkeiten. Studienbrief EB 0330. Technische Universität Kaiserslautern. Distance and Indenpendence Studies Center (DISC), Kaiserslautern.

Staemmler, D. (2006): Lernstile und interaktive Lernprogramme: Kognitive Komponenten des Lernerfolges in virtuellen Lernumgebungen. Deutscher Universitäts - Verlag. Wiesbaden.

Yildiz, E., Hill, M. (Hrsg.) (2015): Nach der Migration. Postmigrantische Perspektiven jenseits der Parallelgesellschaft. Transcript Verlag, Bielefeld.

Internetquellen

Arnold, R., Gómez Tutor, C. (2006): Emotionen in Lernprozessen Erwachsener. In: REPORT (29) 1/2006 DIE online, Seite 4. Online: https://www.die-bonn.de/doks/arnold0601.pdf Abruf am 01.03.2019

Bertelsmann Stiftung (Hrsg.) (2008): Interkulturelle Kompetenz – Die Schlüsselkompetenz im 21. Jahrhundert? Bertelsmann Stiftung, Gütersloh. https://www.bertelsmann-stiftung.de/fileadmin/files/BSt/Presse/imported/downloads/xcms_bst_dms_30236_30237_2.p df Abruf am 18.03.2019

DGCC - Deutsche Gesellschaft für Care und Case Management, Online https://www.dgcc.de/case-management/ Abruf am 28.02.2019

Didagma Didaktik Glossar Online. Zentrum für Lehrerbildung der Technischen Universität Kaiserslautern. **Suchwort Bildungstheoretische Didaktik.** Online https://service.zfl.uni-kl.de/wp/glossar/curriculum Abruf am 27.02.2019

Suchwort Curriculum Online: https://service.zfl.uni-kl.de/wp/glossar/curriculum Abruf am 27.02.2019

Knoll, J. (1993): Kurs- und Seminarmethoden. Ein Trainingsbuch zur Gestaltung von Kursen und Seminaren, Arbeits- und Gesprächskreisen. Beltz Verlag, Weinheim, Seite 11 f. In: Didagma https://service.zfl.uni-kl.de/wp/glossar/methoden Abruf am 07.03.2019

Martin, P-Y, Nicolaisen T. (Hrsg.) (2015): Lernstrategien fördern. Beltz Verlag, Weinheim Basel, Seite 21 Online: https://www.beltz.de/fileadmin/beltz/leseproben/978-3-7799-3253-6.pdf Abruf am 01.03.2019

Meyer, M. (2019): Deutscher Arbeitsmarkt auf außereuropäische Zuwanderung angewiesen. Online. https://www.bertelsmann-stiftung.de/de/themen/aktuelle-meldungen/2019/ Abruf am 06.03.2019

Philipp, T. (2007): Identität und Bildung - Zur Kompetenzentwicklung von Erwachsenen im Zeichen gesellschaftlicher Umbrüche. Deutsches Institut für Erwachsenenbildung. DIE Texte online, Online: https://www.die-bonn.de/doks/philipp0701.pdf Abruf am 27.02.2019Abruf am 27.02.2019

Reich, K. (2004):Konstruktivistische Didaktik im Blick auf Aufgaben der Fachdidaktik Pädagogik. In: Klaus Beyer (Hrsg.) (2004): Planungshilfen für den Fachunterricht. Die Praxisbedeutung der wichtigsten allgemeindidaktischen Konzeptionen. Schneider Verlag Hohengehren, Baltmannsweiler. Online: http://www.uni-koeln.de/hf/konstrukt/reich_works/aufsatze/reich_42.pdf Abruf am 28.02.2019

Schlögl, P. (2012): Leitfaden zur lernergebnisorientierten Curriculumentwicklung. Bundesministerium für Unterricht, Kunst und Kultur, Abteilung Erwachsenenbildung, Wien. Online: https://www.researchgate.net/publication/260266580_Lernergebnisorientierung_in_der_Erwachsenen.bildung_Leitfaden_zur_lernergebnisorientierten_Curriculumentwicklung Abruf am 07.03.2019

Staatsinstitut für Schulqualität und Bildungsforschung (ISB). Online: www. isb.bayern.de KMS: Kultusministerielles Schreiben. - KMBEK: Kultusministerielle Bekannt-machung. Fach Mathematik am Gymnasium. https://www.isb.bayern.de/gymnasium/faecher/mathematik-informatik/mathematik/weitere-informationen/kmbek_und_kms/ Abruf am 27.02.2019

Stangl, W. (2019): Lernstrategien – Lerntypen – Lernstile. Online https://www.stangl-taller.at/ARBEITSBLAETTER/LERNEN/Lernstrategien.shtml Abruf am 01.03.2019

Stangl, W.: Die Lerntypentheorie – eine Kritik. Online: https://www.stangltaller.at/ARBEITSBLAETTER/LERNEN/Lerntypen.shtml Abruf am 01.03.2019

Steinmann, S., Gramlinger, F. (2003): Die Umsetzung des Lernfeldkonzeptes – (k)ein Lernprozess? bwp@ Berufs- und Wirtschaftspädagogik – online. http://www.bwpat.de - bwp@ Nr. 4; ISSN 1618-8543 Abruf am 27.02.2019

BEI GRIN MACHT SICH IHR
WISSEN BEZAHLT

- Wir veröffentlichen Ihre Hausarbeit,
  Bachelor- und Masterarbeit

- Ihr eigenes eBook und Buch -
  weltweit in allen wichtigen Shops

- Verdienen Sie an jedem Verkauf

Jetzt bei www.GRIN.com hochladen
und kostenlos publizieren